M'hamed Jamili

Professores criativos de EFL e os resultados académicos dos alunos

AF154724

M'hamed Jamili

Professores criativos de EFL e os resultados académicos dos alunos

Um caso de estudo de professores de EFL em escolas secundárias marroquinas

ScienciaScripts

Cover image: www.ingimage.com

This book is a translation from the original published under ISBN 978-3-330-32643-9.

Publisher:
Sciencia Scripts
is a trademark of
Dodo Books Indian Ocean Ltd. and OmniScriptum S.R.L publishing group

120 High Road, East Finchley, London, N2 9ED, United Kingdom
Str. Armeneasca 28/1, office 1, Chisinau MD-2012, Republic of Moldova, Europe
Printed at: see last page
ISBN: 978-620-7-39374-9

Índice

Resumo

A presente investigação procura mostrar como a criatividade, o método, as técnicas e as actividades que os professores de EFL do ensino secundário utilizam podem ter um impacto positivo nos resultados dos seus alunos. A principal hipótese subjacente ao presente estudo é que os professores de EFL, com especial destaque para os professores de EFL que trabalham em escolas secundárias marroquinas, podem ter um efeito positivo nos resultados dos seus alunos quando utilizam métodos, técnicas e actividades de ensino que tornam a aprendizagem dos seus alunos significativa e agradável e, por conseguinte, os seus resultados de aprendizagem aumentam. Esta investigação recorre a uma abordagem de método misto, adoptando a observação na sala de aula e o questionário como principais instrumentos de recolha de dados. A amostra da população é constituída por seis professores de inglês como língua estrangeira do ensino secundário, juntamente com 233 alunos do ensino secundário com idades e níveis de escolaridade relativamente semelhantes. Os dados são analisados à luz das questões de investigação apresentadas no capítulo da metodologia. Assim, a análise tenta revelar até que ponto os professores criativos de EFL podem ter impacto nos resultados dos alunos, bem como os métodos, técnicas e actividades de ensino comuns que ajudam os professores a serem mais eficazes e criativos nas suas salas de aula.

Palavras-chave: Professores de EFL, criatividade, resultados dos alunos, métodos, actividades, técnicas.

Agradecimentos

Ao meu falecido pai (que Deus abençoe a sua alma)

Introdução

A noção do que significa ser um bom professor de EFL parece ser muito complexa. Serão os bons professores aqueles que são bem qualificados, têm um bom domínio da língua inglesa e podem transmitir aos seus alunos os conhecimentos e as competências que adquiriram e construíram a partir da sua formação académica e/ou profissional? Ou são aqueles que são dedicados, que conseguem envolver e motivar os seus alunos e que estão empenhados em ajudar os seus alunos a prosperar? são amplamente exigidos em todas as salas de aula de língua inglesa? Ou são uma combinação de todas estas características e outras mais?

Mas, e a criatividade no ensino? Não será a criatividade uma caraterística importante de um bom professor? Para responder a esta pergunta, é necessário compreender o que significa ser um professor criativo. Um professor criativo é simplesmente aquele que consegue recolher com mestria ideias de todos os tipos de fontes disponíveis e utilizar abordagens imaginativas. Mas para quê? E qual é a diferença entre ser um bom professor ou um professor criativo? A presente investigação tentará responder a estas questões. No entanto, a principal razão para realizar este projeto de investigação é ver como a falta de criatividade no ensino dos professores de EFL nas escolas secundárias marroquinas ou o seu baixo nível de criatividade reduz os resultados de aprendizagem dos alunos.

Por conseguinte, o presente estudo tem por objetivo investigar o impacto dos professores de EFL criativos nos resultados dos seus alunos. Com ênfase no ensino criativo, o estudo tenta mostrar até que ponto os professores criativos podem ter impacto nos resultados de aprendizagem dos seus alunos, bem como identificar os métodos, técnicas e actividades de ensino mais utilizados pelos professores criativos de EFL nas escolas secundárias marroquinas.

A este respeito, o estudo baseia-se no pressuposto de que a criatividade dos professores e os métodos, técnicas e actividades de ensino utilizados pelos professores criativos de EFL aumentam os resultados de aprendizagem dos alunos nos liceus marroquinos.

Assim, este artigo tem como objetivo levantar, investigar e responder às seguintes questões de investigação:

- Os professores criativos de EFL afectam os resultados dos seus alunos nas escolas secundárias marroquinas?
- Quais são as técnicas, os métodos, as actividades e as estratégias utilizadas pelos professores criativos de EFL nos liceus marroquinos?

O presente estudo é composto por três capítulos principais. O primeiro capítulo, de orientação teórica, trata de enquadrar o estudo no seu contexto teórico. Assim, os conceitos-chave desta investigação, nomeadamente, "criatividade" e "professores criativos", que são cruciais para o tema abordado, serão amplamente desenvolvidos. Este capítulo abordará também os métodos de ensino e os tipos de actividades que podem ser utilizados de forma criativa pelos professores de EFL. No segundo capítulo, a metodologia do estudo será esboçada através da definição das questões de investigação, das hipóteses de investigação, da abordagem de investigação, dos procedimentos de recolha e análise de dados, da amostra da população, bem como das principais variáveis de investigação. No terceiro capítulo do estudo, procede-se à análise dos dados recolhidos. Neste sentido, os dados recolhidos através da observação da sala de aula, dos relatórios de notas dos alunos e dos questionários serão analisados na tentativa de encontrar respostas para as questões abordadas nesta investigação. Assim, o capítulo tentará determinar se os professores de EFL criativos podem aumentar os resultados de aprendizagem dos seus alunos e identificar os métodos, técnicas e actividades de ensino comuns utilizados pelos professores de EFL criativos nas escolas secundárias marroquinas,

CAPÍTULO 1

Revisão da literatura

■ Introdução

Este capítulo fornece o enquadramento teórico deste projeto de investigação. O seu principal objetivo é identificar as variáveis-chave desta investigação, nomeadamente, "criatividade" e "professores criativos", que são cruciais para a compreensão do tema abordado. Neste sentido, o capítulo inicia-se com uma tentativa de definição de criatividade segundo vários autores. Em seguida, discutem-se as principais características e qualidades dos professores criativos, seguidas de alguns métodos e actividades eficazes utilizados por professores de EFL criativos.

A. O que é a criatividade?

A maioria das pessoas, quando ouve a palavra criatividade, pensa em cantores, pintores, desenhadores ou, de um modo geral, naqueles que são dotados de um dom inato ou que têm o potencial de inventar coisas interessantes que nunca foram feitas antes. A criatividade está, sem dúvida, representada em muitos aspectos da vida humana. É o processo de estabelecer ligações e, por vezes, trata-se de produtividade, de fazer algo novo a partir dessas ligações (Gardner, 1993). No entanto, a criatividade pode ser definida em muitos níveis distintos: cognitivamente, intelectualmente e espiritualmente. Uma definição comum de criatividade do dicionário Webster diz que "a criatividade é marcada pela capacidade ou poder de criar - trazer à existência,

7

investir com uma nova forma, produzir uma habilidade imaginativa completa, fazer ou trazer à existência algo novo". De um modo geral, segundo Sternberg & Lubart, "criatividade é a capacidade de produzir trabalho que é simultaneamente novo e apropriado" (Sternberg & Lubart, 1999). No ensino da língua inglesa, por exemplo, a criatividade é geralmente considerada como a qualidade e/ou a competência que uma pessoa tem para inventar algo verdadeiramente novo e original através do uso da imaginação e de capacidades de pensamento de ordem superior. É uma competência e/ou qualidade vital, entre todas as competências e capacidades de ensino, necessária a todos os professores para resolverem os problemas frequentes com que se deparam na sala de aula, não só através do uso da imaginação e de competências de pensamento de ordem superior, mas também através de uma reflexão mais aprofundada para chegar a ideias novas, a partir de fontes diferentes, através de estratégias novas e diferentes - é pensar fora da caixa.

"No ato de criar, ou na resolução de problemas de forma criativa, andamos muitas vezes às voltas, em círculos intermináveis, à procura de uma ideia. Por vezes, a resposta ou a solução está mesmo diante dos nossos olhos, mas não a conseguimos ver. Para encontrar a solução, encontrar a peça que falta, resolver o problema, precisamos apenas de olhar para algo familiar de uma forma nova e diferente" (Wilson. L, 2014)

B. Professores criativos de EFL:

Nas últimas décadas, tem havido uma investigação significativa sobre a criatividade em geral e sobre os professores de EFL criativos em particular. O professor, enquanto elemento central da sala de aula, deve ter um conhecimento profundo da sua própria criatividade. Além disso, deve estar equipado com algumas abordagens imaginativas e com um repertório de actividades eficazes e cativantes que, naturalmente, correspondam idealmente às preferências, necessidades e estilos de aprendizagem dos alunos. Os professores criativos são aqueles que utilizam uma escolha eclética de métodos, técnicas, actividades e estratégias de ensino nas suas salas de aula. Ou seja, não escolhem métodos e procedimentos de forma errática, mas em função dos interesses, necessidades e estilos de aprendizagem dos seus alunos.

É indiscutível que a criatividade do professor é da maior importância para tornar os alunos autónomos e independentes, bem como para melhorar a sua capacidade de criar ou inventar algo novo e original. Os alunos precisam de um professor criativo para facilitar a sua aprendizagem, torná-la mais interessante e agradável e motivá-los a aprender e a resolver problemas por si próprios. No entanto, para um ensino mais eficaz, um professor pode ser (se não criativo) inovador, no sentido em que implementa coisas novas na sala de aula. A questão comum que pode ser colocada aqui é: qual é a diferença entre criatividade e inovação? A criatividade, como já foi referido, é a capacidade de produzir trabalho que é simultaneamente novo e apropriado (Sternberg & Lubart, 1999). Por outro lado, a inovação significa a utilização ou a implementação de ideias novas em proveito próprio. No ensino, por exemplo, que é a principal preocupação desta investigação, o professor pode integrar novas ferramentas, como as ferramentas tecnológicas (TIC), na sala de aula para facilitar o processo de aprendizagem e de ensino.

C. Qualidades dos professores criativos de EFL:

A criatividade depende da capacidade de analisar e avaliar situações e de identificar novas formas de lhes dar resposta. Isto, por sua vez, depende de uma série de diferentes capacidades e níveis de pensamento (J.C Richard.2013.5). Os professores criativos são dotados de muitas qualidades e qualificações pessoais e pedagógicas que os tornam particularmente especiais nas suas salas de aula. Sem dúvida, todos nos lembramos dos professores que despertaram a nossa imaginação, que nos inspiraram com os seus estilos de ensino individuais e especiais, que conseguiam lidar de forma eficaz e inteligente com qualquer situação na sala de aula e que exploravam métodos eclécticos e uma miríade de actividades envolventes e eficazes no ensino de alunos com diferentes necessidades, interesses e estilos de aprendizagem. De acordo com J.C. Richard na sua investigação "Creativity in Language Ensino", existem oito aspectos principais que caracterizam algumas das qualidades dos professores criativos:

- Os professores criativos são conhecedores.
- Os professores criativos são confiantes.
- Os professores criativos estão empenhados em ajudar os seus alunos a progredir e a ter sucesso.
- Os professores criativos estão familiarizados com uma vasta gama de estratégias e técnicas de ensino.
- Os professores criativos procuram realizar aulas centradas

10

no   aluno.
- Os professores   criativos são   reflexivos.
- Os professores   criativos assumem   riscos.
- Os professores   criativos são   inconformistas.

D. Os métodos de ensino e as abordagens adoptadas pelos professores criativos:

Os professores criativos utilizam uma variedade de métodos de ensino e uma vasta gama de recursos e actividades que melhor se adaptam aos interesses, necessidades e estilos de aprendizagem dos seus alunos. "Tipicamente, em vez de estarem vinculados a um determinado método, os professores criativos adoptam frequentemente uma abordagem denominada: ecletismo. Por outras palavras, não escolhem métodos e procedimentos ao acaso, mas de acordo com as necessidades da sua turma" (J.C Richard.2013.11). Os professores criativos, enquanto professores eficazes, decidem qual a metodologia, abordagem ou actividades a utilizar em função dos objectivos da aula e dos alunos da turma. De acordo com Rivers (1981.54), a abordagem eclética permite que os professores de línguas absorvam as melhores técnicas de todos os métodos de ensino de línguas conhecidos nos seus procedimentos de sala de aula, utilizando-os para o fim a que se destinam. Para ilustrar melhor, os professores que têm alunos com diferentes necessidades e estilos de aprendizagem não podem utilizar apenas uma metodologia para um ensino mais eficaz; utilizam uma variedade de métodos de ensino, ou seja, implementam qualquer coisa a partir de vários

11

recursos que seja considerada mais suscetível de ser útil e eficiente para todos os

alunos. Por exemplo, numa aula, o professor pode utilizar música relaxante para levar

os alunos a empenharem-se totalmente numa determinada atividade (Suggestopedia);

a adoção da Resposta Física Total para fazer com que os alunos aprendam vocabulário

fazendo; a utilização de exercícios como técnica eficaz para fazer com que os alunos

pratiquem a língua-alvo de forma comunicativa, etc. Todas estas são apenas algumas

das técnicas e princípios de diferentes métodos de ensino. Um professor criativo é

alguém capaz de os utilizar eficazmente de uma forma eclética, em função dos

objectivos da sua aula, das necessidades, preferências e estilos de aprendizagem dos

alunos, tendo em conta o contexto e a disponibilidade ou indisponibilidade de materiais

e auxiliares de ensino.

E. Actividades desenvolvidas por professores criativos

O ensino criativo implica a avaliação das actividades e dos materiais quanto ao

seu potencial e eficácia para apoiar o ensino criativo. No entanto, uma investigação

considerável identificou um certo número de dimensões das actividades criativas. Diz-

se que envolvem a resolução de problemas abertos, que devem ser adaptados às

capacidades dos alunos e realizados sob restrições (Burton, 2010 & Lubart, 1994).

Domyei (2001) apresentou dez características consideradas como actividades

produtivas de aprendizagem de línguas:

- **Desafio:** Actividades em que os alunos resolvem problemas, descobrem algo,
  ultrapassam obstáculos e encontram informações.
- **Conteúdos interessantes:** Tópicos que os alunos já consideram interessantes e

12

sobre os quais querem ler fora da aula, como histórias sobre desporto e entretenimento no YouTube e na Internet.

- **O elemento pessoal:** Actividades que estabelecem ligações com as vidas e preocupações dos alunos.

- **O elemento novidade:** Aspectos de uma atividade que são novos e diferentes ou totalmente inesperados, deixando os alunos curiosos.

- **O elemento intrigante:** Actividades que dizem respeito a materiais ambíguos, problemáticos, paradoxais, controversos, contraditórios ou incongruentes e que estimulam a curiosidade.

- **Escolha individual:** Actividades que dão aos alunos uma escolha pessoal. Por exemplo, podem escolher os seus próprios temas para escrever num ensaio ou os seus próprios temas e membros de grupo numa atividade de debate.

- **Actividades que incentivam a assunção de riscos:** Os professores não querem que os seus alunos se sintam intimidados e relutantes em participar nas actividades. Os alunos devem ser incentivados pelos seus professores a participar em qualquer atividade na sala de aula, independentemente do seu nível. Por exemplo, o professor pode incentivar os alunos do ensino primário a cooperarem e a trabalharem num determinado projeto, como uma revista escolar, que parece ser árduo e estar para além do nível dos alunos do ensino primário.

- **Actividades que incentivam pensamentos originais:** Em vez de perguntas de compreensão após a leitura de uma passagem que testam a memorização, os professores criativos procuram utilizar actividades que incentivem uma resposta pessoal e individual ao que o aluno leu.

■ **O elemento Fantasia:** Actividades que envolvem a fantasia dos alunos e que os convidam a usar a sua imaginação para criar histórias, identificar-se com personagens fictícias ou representar situações imaginárias.

■ Conclusão

Este capítulo procurou discutir os principais aspectos teóricos em torno dos quais gira o estudo. Procurou definir e desvendar o termo criatividade, em geral, e professores criativos, em particular. Também procurou abranger os oito aspectos principais que caracterizam os professores criativos, segundo J.C. Richard. Em seguida, tentou elucidar a forma como os professores criativos utilizam os seus métodos e abordagens de ensino, centrando-se principalmente no ecletismo como uma abordagem frequentemente adoptada por eles. Por último, indicou as principais características consideradas por Dornyei (2001) como actividades produtivas de aprendizagem de línguas.

CAPÍTULO 2

Metodologia

■ Introdução

O objetivo do presente capítulo é apresentar a metodologia adoptada nesta investigação, centrando-se nos procedimentos de recolha e análise de dados. Na primeira secção dos procedimentos de recolha de dados, apresentarei e explicarei a abordagem de investigação adoptada neste estudo de investigação. Além disso, os instrumentos de recolha de dados, bem como os procedimentos de amostragem, serão elaborados juntamente com a justificação de cada escolha. Em seguida, identificarei e descreverei as principais variáveis desta investigação. Na secção seguinte, serão apresentados os procedimentos de análise dos dados, com destaque para os instrumentos utilizados na análise dos dados recolhidos.

A. Procedimentos de recolha de dados:

❖ Questões de investigação

O presente estudo tem por objetivo levantar, investigar e responder às seguintes questões de investigação:

❖ Os professores criativos de EFL afectam os resultados dos seus alunos nas escolas secundárias marroquinas?

❖ Quais são as técnicas, os métodos, as actividades e as estratégias utilizadas pelos professores criativos de EFL nos liceus marroquinos?

■ **Hipótese de investigação**

De acordo com as questões de investigação anteriores, este estudo baseia-se no pressuposto de que a criatividade dos professores e os métodos, técnicas e

As actividades utilizadas por professores criativos de EFL aumentam os resultados de aprendizagem dos alunos nas escolas secundárias marroquinas.

■ **Abordagem de investigação**

A fim de responder às questões de investigação anteriores e confirmar ou desconfirmar a hipótese formulada, o presente estudo adopta uma conceção de métodos mistos. Esta abordagem "centra-se na recolha, análise e combinação de dados quantitativos e qualitativos num único estudo ou numa série de estudos. A sua premissa central é que a utilização de abordagens quantitativas e qualitativas, em combinação, proporciona uma melhor compreensão dos problemas de investigação do que qualquer uma das abordagens isoladamente" Creswell, J. W., & Plano Clark V. L. (2011). Assim, no que diz respeito ao presente estudo, a conceção ou abordagem de método misto será a melhor abordagem para confirmar ou desconfirmar a eficácia dos professores criativos e os métodos, técnicas e actividades que utilizam nas escolas secundárias marroquinas, através da recolha e análise de dados qualitativos e quantitativos.

■ **Instrumentos de recolha de dados:**

Uma vez que a abordagem de investigação adoptada é qualitativa, os principais instrumentos de investigação que serão utilizados na recolha de dados são a lista de

16

verificação, os documentos, bem como as respostas a perguntas directas.

> *Lista de controlo de observação:*

A lista de verificação de observação é uma ferramenta de recolha de dados qualitativos, normalmente utilizada na investigação. Contém uma lista de afirmações que um observador deve ter em conta quando observa os comportamentos de um observado. No presente estudo, foi adoptada uma lista de verificação para observar a criatividade dos professores do ensino secundário escolhidos para serem observados. A lista de controlo utilizada continha vinte e seis afirmações que caracterizam os professores criativos na sala de aula como variável independente neste estudo. A razão subjacente à escolha desta lista de verificação de observação como principal instrumento de recolha de dados é o facto de permitir ao investigador observar cuidadosamente indivíduos ou um grande grupo, concentrando-se em aspectos específicos.

> *Documentos:*

No que diz respeito aos resultados dos alunos, os relatórios de notas dos alunos foram utilizados como um instrumento para confirmar ou desconfirmar a hipótese da presente investigação. Por outras palavras, os relatórios de notas de cada aluno foram utilizados (como prova) para confirmar ou desconfirmar se a criatividade ou a falta de criatividade dos professores de EFL incluídos na amostra tem um impacto positivo nos resultados dos alunos dos liceus marroquinos.

17

> *Questionário:*

O questionário é um instrumento de recolha de dados qualitativos e quantitativos habitualmente utilizado na investigação. Consiste num "conjunto de perguntas sobre um tópico ou grupo de tópicos concebido para ser respondido por um inquirido" (Richard & Schmidt, 2010, p. 478). Também pode ser utilizado para quantificar e medir frequências, atitudes, opiniões, interesses e valores. No presente estudo, foi adotado um questionário para os professores. A razão subjacente à escolha do questionário como instrumento de recolha de dados é o facto de permitir ao investigador avaliar e obter facilmente informações de grandes grupos.

■ **A amostra da população**

A amostra do presente estudo é constituída por professores do ensino secundário e respectivos alunos de duas cidades diferentes de Marrocos: *Rabat* e *Ait Baha*. Os professores do ensino secundário são aqueles que ensinam inglês como língua estrangeira em escolas secundárias públicas marroquinas há mais de seis anos. A técnica utilizada na amostragem dos professores é a amostragem conveniente. Esta técnica é utilizada quando o investigador escolhe apenas os participantes que considera adequados para a sua investigação, embora possa haver muitos participantes que possa estudar. Por conseguinte, a amostragem conveniente foi utilizada como técnica para escolher os professores adequados e disponíveis e os seus alunos.

■ **Variáveis de investigação:**

Como em qualquer estudo, na presente investigação operam duas variáveis: as variáveis independentes e as variáveis dependentes. A variável independente inclui a criatividade do professor nos liceus marroquinos, enquanto a variável dependente envolve o sucesso dos alunos. O pressuposto subjacente a esta divisão reside no facto de a criatividade do professor ter maior probabilidade de influenciar os resultados dos alunos nos liceus marroquinos.

B. Procedimentos de análise de dados:

Instrumentos e procedimentos de análise de dados:

> *Dados da lista de controlo:*

Nesta investigação, foram utilizados três instrumentos principais na recolha de dados: a lista de verificação da observação, os documentos que incluem as notas dos alunos de cada professor observado e um questionário que inclui perguntas abertas sobre os métodos, técnicas e actividades utilizadas pelos professores criativos nos liceus marroquinos. A lista de controlo da observação inclui vinte e seis itens que foram tidos em consideração durante a observação dos professores da amostra. Para avaliar a criatividade dos professores de EFL da amostra, os dados recolhidos na lista de controlo foram contados com base no número de itens a que o professor respondeu. Quanto maior for o número de itens a que o professor respondeu, mais ele é considerado criativo. No processo de análise dos dados da lista de controlo, foram utilizados dois programas informáticos: SPSS Statistics para calcular o valor geral da criatividade de cada professor de acordo com a lista de verificação, e Microsoft Excel para comparar o nível ou grau de criatividade dos professores da amostra.

19

> *Documentos (Relatórios de notas dos alunos)*

No processo de análise das notas dos alunos, foi utilizado o Microsoft Excel, um software que permite ao utilizador organizar, formatar e calcular dados com fórmulas através de um sistema de folha de cálculo, para se chegar à média das notas dos alunos de cada professor observado. Assim, esse processo forneceu uma média comparável ao nível ou grau de criatividade de cada professor para confirmar ou desconfirmar a hipótese da presente pesquisa.

> *Questionário (perguntas abertas)*

O questionário utilizado na presente investigação destina-se principalmente a conhecer as atitudes e opiniões dos professores da amostra sobre os métodos de ensino, as técnicas e as actividades que utilizam nas suas salas de aula. Inclui perguntas abertas, bem como informações gerais sobre os professores de EFL incluídos na amostra (género, escola e anos de experiência de ensino). As respostas dos professores às perguntas abertas foram analisadas descritivamente para identificar os métodos, técnicas e actividades comuns utilizados pelos professores criativos da amostra.

■ Conclusão

Este capítulo procurou apresentar a metodologia adoptada nesta investigação. Em primeiro lugar, procurei apresentar os procedimentos de recolha de dados desta investigação, incluindo a abordagem de investigação, os instrumentos/ferramentas de recolha de dados, os procedimentos de amostragem, bem como uma breve identificação e descrição das principais variáveis desta investigação. Por fim, foram apresentados os procedimentos de análise dos dados, com enfoque nos instrumentos utilizados na análise dos dados recolhidos.

CAPÍTULO 3

Resultados e discussão

Introdução:

O presente capítulo debruçar-se-á sobre a análise e discussão dos dados recolhidos através da lista de verificação de observação e dos relatórios de notas dos alunos, que confirmarão ou não o impacto da criatividade dos professores nos resultados dos seus alunos. Além disso, as actividades, os métodos e as técnicas comuns utilizados pelos professores de EFL criativos marroquinos serão identificados e discutidos com base nos dados recolhidos na lista de verificação de observação e nas respostas dos professores às perguntas abertas incluídas no questionário. Primeiro, a análise será iniciada pela análise e discussão do grau de criatividade de cada professor observado. Em seguida, analisar-se-á e comparar-se-á o impacto da variável independente (criatividade dos professores) com a variável dependente desta investigação (resultados dos alunos), de modo a confirmar ou desconfirmar a hipótese desta investigação. Finalmente, a última secção será dedicada à identificação das actividades, técnicas e métodos mais utilizados pelos professores marroquinos de EFL, de acordo com a lista de verificação de observação da sala de aula e as respostas a algumas questões abertas colocadas aos professores da amostra.

A. O grau de criatividade dos professores observados

A primeira secção da análise centrar-se-á no grau de criatividade de cada professor observado. O grau de criatividade começou por ser contabilizado utilizando o software SPSS Statistics, que transformou e contabilizou o valor geral da criatividade de cada professor em função do número de itens a que cada professor respondeu enquanto estava a ser observado.

observado. O gráfico seguinte mostra e compara o grau de criatividade de todos os professores da amostra:

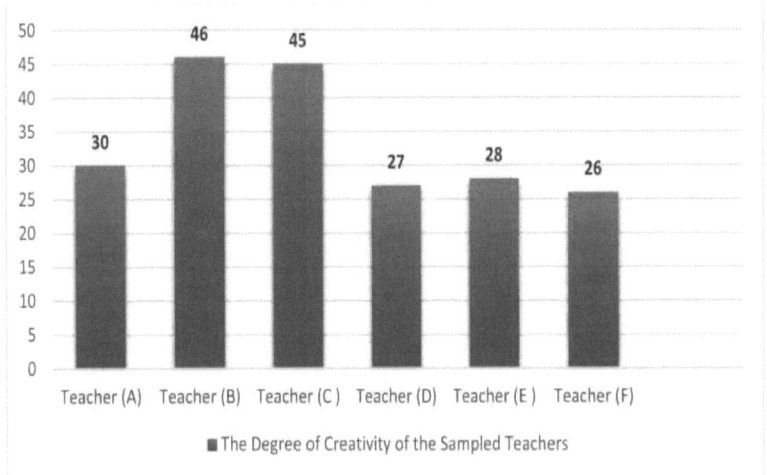

Figura 1. O grau de criatividade dos professores da amostra

Como o gráfico acima ilustra, os professores da amostra têm níveis e/ou graus diferentes em termos da sua criatividade. O professor (B) atingiu o grau 46 na sua criatividade, enquanto o professor (C) atingiu o grau 45. Assim, podemos considerar estes dois professores como os mais criativos desta investigação. Os dois professores menos criativos atingiram o grau 26 para o professor (F) e o grau 27 para o professor (D) na sua criatividade. Por conseguinte, podemos considerar estes últimos como os professores menos criativos em comparação com os outros professores.

B. A criatividade dos professores e os resultados dos alunos

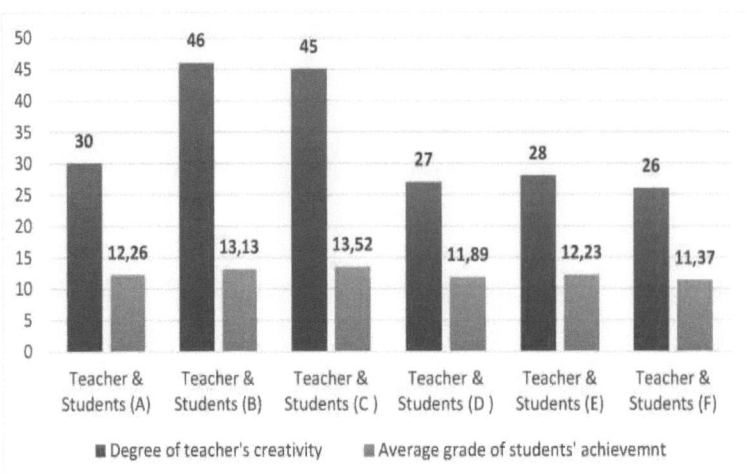

Figura 2. A criatividade dos professores e os resultados dos alunos.

Como o gráfico acima indica, não há grande distinção entre as notas médias de todos os alunos da amostra. Os alunos dos dois professores mais criativos, o professor (B) e o professor (C), são considerados os alunos que têm as notas médias mais elevadas. Os alunos do professor B têm uma média de 13,13 e os alunos do professor C têm uma média de 13,52. Este facto pode, portanto, confirmar o impacto da criatividade dos professores nos resultados dos seus alunos. Por outro lado, os alunos dos dois professores menos criativos, o professor (D) e o professor (F), têm uma média de 11,89 e 11,37. Assim, podemos confirmar que os professores menos criativos têm uma influência negativa nos resultados dos seus alunos.

C. Os métodos, técnicas e actividades comuns utilizados pelos professores criativos

Esta secção da análise incide sobre os métodos, técnicas e actividades utilizados pelos professores mais criativos de acordo com a amostragem desta investigação. Especificamente, a ênfase será colocada nos métodos de ensino, nas técnicas e nos métodos utilizados pelo Professor (B) e pelo Professor (C) nas suas aulas, com base na lista de verificação utilizada durante a observação, bem como em algumas das suas respostas a perguntas sobre os métodos de ensino que utilizam.

> Métodos

No que diz respeito aos métodos adoptados pelos dois professores criativos, ambos os professores (B) e (C) provaram que utilizam uma escolha eclética de métodos de ensino nas suas aulas. O professor (C), por exemplo, utiliza diferentes métodos de ensino para ensinar gramática. Na primeira sessão que observei, utilizou o método POHE para ensinar os pronomes relativos, o que pareceu ser um método bem sucedido, uma vez que os alunos compreenderam a lição de uma forma indutiva. De acordo com a resposta do professor (C) a uma pergunta aberta sobre a forma como utiliza uma escolha eclética de métodos, ele disse

"Por exemplo, no caso da gramática, normalmente tento ensiná-la de forma indutiva, mas por vezes utilizo o ensino dedutivo para chegar aos alunos que aprendem através de regras. Isto ajuda a satisfazer múltiplos estilos de aprendizagem. Trago actividades, textos ou projectos de conceção em que os alunos podem ter a oportunidade de experimentar novas informações linguísticas em situações autênticas. E concentro-me sobretudo no ensino da gramática em situações de comunicação"

A partir da resposta abaixo, podemos provar que, embora os professores de EFL criativos tenham de seguir as actividades e instruções sugeridas no manual, utilizam vários métodos de ensino para ensinar os alunos individualmente e adaptam as actividades e instruções do manual que se adequam aos estilos de aprendizagem, necessidades e preferências dos seus alunos.

A resposta do professor (B) à mesma pergunta foi:

"Na verdade, ser eclético e seletivo depende da sua capacidade de adaptação e adoção. Quando se tem a certeza de que nem todos os métodos são convenientes para o ensino, começa-se a procurar alternativas e novas formas de ensinar. Neste caso, pode perguntar aos seus colegas mais experientes ou mesmo aos seus alunos sobre o que gostaram e o que não gostaram. Tem de se adaptar primeiro às necessidades e exigências dos seus alunos e depois à natureza do seu curso."

O professor (C) afirmou que o ecletismo de um professor depende da sua capacidade de adaptar os métodos e actividades de ensino, bem como de escolher alternativas e novas formas de métodos de ensino que pareçam convenientes para o seu ensino. De um modo geral, o professor tem de ser não só seletivo e eclético, mas também criativo, de modo a adaptar as actividades dos manuais escolares e os métodos de ensino às necessidades e exigências dos alunos, bem como à natureza do curso.

> **Técnicas:**

A partir da observação dos dois professores mais criativos desta investigação, constatei que os dois professores criativos da amostra utilizam uma série de técnicas que tornam o seu ensino mais eficaz. O professor (B), por exemplo, demonstrou ter uma relação próxima com os seus alunos. Isto, por conseguinte, ajudou-o a criar uma atmosfera de aprendizagem sem ansiedade, em que os alunos gostam de aprender numa situação confortável. Além disso, os alunos estavam confiantes e acreditavam nas suas capacidades de aprender e desenvolver-se linguística, intelectual e habilmente. Para além disso, o professor (B) apresentou temas desafiantes e situações de aprendizagem complexas para ajudar os alunos a utilizar o seu pensamento crítico e criativo. O professor (C), por outro lado, utilizou, juntamente com as técnicas acima referidas, algumas técnicas muito eficazes que ajudaram os seus alunos a manterem-se concentrados e a desfrutarem da sua experiência de aprendizagem num ambiente bem estruturado e comunicativo. Além disso, era notória a interação e a comunicação cara a cara como forma de desenvolver a proficiência dos alunos. Normalmente, fazia perguntas abertas que exigiam competências de raciocínio de ordem superior e convidava os alunos a pensar e a exprimir as suas opiniões de forma comunicativa.

As técnicas que se seguem são as técnicas de ensino habitualmente observadas pelo professor (B) e pelo professor (C) nas suas respectivas salas de aula:

- Reformular as instruções de diferentes formas.
- Fazer perguntas abertas.
- Associar os temas actuais às experiências da vida real dos alunos.
- Utilizar materiais didácticos diversificados que mantenham os alunos ativamente envolvidos no processo de aprendizagem.
- Utilizar a interação e a comunicação face a face como meio de desenvolver a proficiência dos alunos.
- Colocar questões que exijam capacidades de raciocínio de ordem superior.
- Utilizar exemplos da vida real para ajudar os alunos a compreender.
- Reforçar a auto-confiança dos alunos.
- Utilizar diferentes estruturas de trabalho cooperativo.

> **Actividades:**

De acordo com a minha observação e com as respostas dos professores incluídos na amostra, os dois professores mais criativos desta investigação implementam nas suas aulas uma série de actividades interessantes e cativantes. Para além das actividades adaptadas, a partir das actividades e tarefas dos manuais escolares, utilizam vários tipos de actividades que se centram em diferentes elementos e competências linguísticas. No entanto, os dois professores mais criativos observados, nas quatro sessões que acompanhei nas suas salas de aula, utilizaram as actividades de aquecimento de forma eficiente, explorando-as não só para motivar os alunos a participar no processo de aprendizagem, mas também para reativar os esquemas dos alunos e introduzir o tópico da aula, de uma forma agradável e cativante. A este respeito, o professor (B) afirmou

"Penso que as actividades de aquecimento têm muitas finalidades. Utilizo-as no início da aula para despertar os alunos sonolentos, para reativar o esquema dos esquecidos (new coining) ou para introduzir o tema da aula. Utilizo-as a meio para tentar consolidar algo feito anteriormente e para dar aos alunos algum espaço para descansar e respirar e, por vezes, utilizo estas actividades de aquecimento no final para que gostem da matéria e tenham pressa em voltar."

Os dois professores mais criativos desta investigação mencionaram tipos de actividades muito interessantes que consideram ser as actividades adequadas a utilizar em todas as aulas de EFL para desenvolver várias competências. Entre essas actividades:

28

Common activities used by the teacher (B) & (C)
▪ Individual activities.
▪ Collective activities.
▪ Short dialogues acting.
▪ Singing 2 minutes' songs.
▪ Project-work activities.
▪ Research-based activities.
▪ Competency-based activities.
▪ Grammar/Vocabulary-focused activities.
▪ Communicative activities.
▪ Interviewing activities.
▪ Activities that arouse students' curiosity to learn more about new things.
▪ Activities that demands higher order thinking skills.
▪ Writing something on the board and then explaining it.
▪ Forum discussions
▪ Skype sessions

■ Conclusão:

Este capítulo trata da análise dos dados recolhidos através da lista de controlo de observação e do questionário. Começou-se por investigar o grau e/ou nível de criatividade de cada professor observado; depois, analisou-se e comparou-se o nível de criatividade dos professores com a média das notas dos seus alunos. Assim, a hipótese da presente investigação pode ser confirmada ou desconfirmada. Além disso, os métodos, técnicas e actividades comuns utilizados pelos professores mais criativos desta investigação foram identificados e discutidos com base nos dados recolhidos na lista de verificação da observação e nas respostas dos professores às perguntas abertas incluídas no questionário administrado.

CAPÍTULO 4

Conclusão

A. Resumo das conclusões

O presente estudo procurou investigar o impacto da criatividade dos professores, bem como o impacto que os métodos de ensino, as técnicas e as actividades que utilizam têm nos resultados dos alunos nos liceus marroquinos. Iniciou-se com uma introdução à investigação, na qual se identificaram o problema, o objetivo, as questões, a hipótese, o raciocínio e a organização do estudo. O capítulo seguinte consistiu numa revisão da literatura, na qual foram discutidos os principais conceitos teóricos relevantes para o estudo. O terceiro capítulo, no entanto, centrou-se na metodologia do estudo, na qual foram delineados os procedimentos de recolha e análise de dados. Posteriormente, o quarto capítulo analisou e discutiu os dados recolhidos. Segue-se um resumo das principais conclusões:

❖ Os professores de EFL criativos marroquinos podem ter um impacto positivo nos resultados de aprendizagem dos seus alunos.

❖ Os professores criativos diversificam os métodos de ensino e as actividades que utilizam nas aulas de acordo com as necessidades, os estilos de aprendizagem e os interesses dos seus alunos.

❖ Os professores de EFL criativos marroquinos utilizam uma escolha eclética de métodos de ensino de acordo com as necessidades e exigências dos alunos, para além do tipo de aula e/ou das competências enfatizadas.

❖ Os professores de EFL criativos marroquinos utilizam uma miríade de técnicas eficazes para criar um ambiente de aprendizagem adequado para os seus alunos e para realizar aulas eficazes e bem sucedidas.

❖ Os professores de EFL criativos marroquinos exploram várias actividades para desenvolver diferentes competências.

❖ A indisponibilidade e a inacessibilidade de materiais didácticos de base limitam o nível de criatividade dos professores.

B. Conclusão

A maior parte dos resultados acima referidos parece confirmar a hipótese formulada nesta investigação. Em primeiro lugar, o facto de os professores marroquinos de EFL criativos poderem ter um impacto positivo nos resultados de aprendizagem dos seus alunos é evidenciado pelos resultados estatísticos apresentados no capítulo anterior. Em segundo lugar, o facto de que, embora os professores marroquinos de EFL tenham de seguir as instruções e as actividades do manual escolar, utilizam a sua criatividade para selecionar as actividades adequadas e para adaptar as actividades do manual escolar aos objectivos da aula. Isto é verdade com base nas respostas comuns de todos os professores da amostra, que afirmaram que todos adaptam o manual escolar. Além disso, o segundo aspeto da hipótese, que afirma que os diversos métodos, actividades e técnicas de ensino utilizados pelos professores marroquinos de EFL têm impacto nos resultados dos alunos, é verdadeiro com base na observação realizada durante a recolha de dados, nos resultados estatísticos, bem como nas respostas dos professores às perguntas abertas incluídas no questionário.

C. Recomendações

Com base nas conclusões deste estudo, recomenda-se vivamente aos professores marroquinos de EFL que façam o seu melhor para maximizar a sua criatividade nas suas salas de aula, independentemente da escassez dos materiais didácticos a que têm acesso, em particular nas escolas secundárias públicas. Além disso, apesar do facto de os professores marroquinos de EFL terem de seguir as instruções e actividades dos manuais escolares, podem usar as suas capacidades criativas para adaptar as actividades, bem como a abordagem adoptada para melhorar o desempenho dos alunos. Uma vez que a criatividade consiste em inventar algo novo e original, os professores marroquinos do ensino secundário são convidados a inventar novos métodos de ensino, abordagens, métodos e actividades que se adaptem melhor à situação educativa marroquina. A lista seguinte inclui mais recomendações para os professores de EFL em Marrocos:

❖ Os professores marroquinos de EFL são convidados, para um ensino mais eficaz e criativo, a implementar diferentes estruturas de aprendizagem cooperativa nas suas aulas para que os alunos construam conhecimentos em conjunto e desenvolvam várias competências de pensamento crítico.

❖ Uma vez que os alunos do ensino secundário são, na sua maioria, adolescentes ou jovens adultos, as actividades de aprendizagem com base em projectos são certamente as actividades adequadas para ajudar os alunos a desenvolver diferentes competências, como a investigação, a resolução de problemas, a criatividade, a cooperação, bem como um sentido de responsabilidade de que necessitarão, sem dúvida, na sua futura vida académica e profissional.

❖ Os professores marroquinos de EFL têm de utilizar técnicas eficazes e criativas para envolver todos os alunos, com ou sem bons resultados, no processo de aprendizagem.

❖ Recomenda-se vivamente aos professores de EFL marroquinos que comuniquem e colaborem com outros profissionais de EFL para se desenvolverem profissionalmente e aprenderem com as experiências e noções uns dos outros, a fim de apresentarem novas ideias de ensino que possam contribuir para o desenvolvimento da profissão de ELT.

D. Implicações pedagógicas:

Os resultados desta investigação incluem algumas implicações pedagógicas para o ensino da língua inglesa em Marrocos. O estudo da criatividade dos professores marroquinos de EFL pode ajudar os profissionais de ELT em Marrocos a identificar as suas fraquezas pedagógicas e a melhorar a sua criatividade, bem como a forma adequada de escolher e utilizar os métodos, técnicas e actividades pedagógicas para um ensino eficaz e criativo. Além disso, os resultados desta investigação serão úteis para os formadores e professores de ELT que pretendam ajudar os formandos ou os estudantes a atingir um nível aceitável de criatividade no seu futuro ensino.

E. Limitações

Como em qualquer investigação, o presente estudo deparou-se com muitas limitações. Em primeiro lugar, no que diz respeito à recolha de dados, foram encontradas dificuldades no terreno devido à incapacidade de encontrar professores suficientes e de obter o acordo da administração das escolas para observar os professores de EFL nas suas salas de aula. Além disso, alguns professores não aceitaram fornecer os relatórios de notas dos seus alunos como instrumento para responder às questões de investigação. Este facto justifica o pequeno número de professores utilizados nesta investigação.

F. Sugestões para investigação futura.

Tendo em conta as conclusões anteriores e as limitações de investigação encontradas nesta investigação, sugere-se aos profissionais, formandos e estudantes de ELT que realizem mais investigação nas seguintes áreas

❖ Sugere-se um estudo em grande escala que abranja diferentes níveis (ensino primário, secundário e superior) para investigar o impacto dos professores criativos nos resultados dos seus alunos.

❖ Como é que os professores criativos podem estimular a criatividade dos seus alunos?

Os factores que limitam a criatividade dos professores na adaptação dos materiais didácticos disponíveis para eles.

Bib/webliografia

- Sternberg & Robert J. (1999). *Handbook of Creativity*. Reino Unido. Cambridge University Press
- Fisher, Robert. (2004). O que é a criatividade? *Unlocking Creativity: Teaching Across the Curriculum*. Nova Iorque: Routledge
- Khany & Boghayeri. (2014). How Creative Are Iranian EFL Teachers? Australian Journal of Teacher Education. Volume 39. Edição 10
- Jack. C Richard. (2013). Criatividade no ensino de línguas. Universidade de Hong Kong.
- Rivers, (1981). Teaching Foreign Language Skills. EUA: University of Chicago Press

- Dornyei, Zoltan. (2001). *Motivational Strategies in theLanguage Classroom (Estratégias Motivacionais na Sala de Aula de Línguas)*. Cambridge, Reino Unido: Cambridge University Press

Apêndice

Lista de controlo da observação

	Yes	No
The teacher has a close rapport with students.		
The teacher Is flexible in the class.		
The teacher is very encouraging		
The teacher is resourceful.		
The teacher tries to enhance student's self-confidence to set and achieve appropri goals.		
The teacher is Eager to hear the students' perspectives on their learning and lets th choose their tasks.		
The teacher provides challenging topics and motivates students to think about the to, and express their critical views.		
The teacher reformulates the instructions in a different way.		
The teacher welcomes freedom and makes no limits to the students, but use firm con over the teaching process.		
The teacher associates the current topics to students' real life experiences for be learning to occur.		
The teacher makes use of an eclectic choice of teaching methods.		
The teacher provides complex learning situations to foster students' creative thinking.		
The teacher come up with diverse teaching materials that keep students actively invol in the learning process.		
The teacher adapts tasks according to his/her students leaning styles.		
The teacher uses a variety of activities that make students practice different skills.		
The teacher's tasks and activities help students develop their critical thinking skills.		
The teacher gives research- based activities to motivate them to explore new things.		
The teacher asks mainly open-ended questions.		
The teacher poses questions that require high order thinking skills by students.		
The teacher provides gap-based situations and gives students opportunity to solve t own problems.		
The teacher guides students to find new ways of learning, make predictions, and s problems		
The teacher uses face-to-face interaction and communication as means of develop students' proficiency.		
The teacher uses real life examples to make students understand.		
The teacher seeks to achieve learner-centered lessons.		
The teacher uses different cooperative working structures.		
The teacher implements new technological devices (ICT).		

Questionário para professores

Este questionário destina-se a recolher dados para um trabalho de investigação académica. O seu principal objetivo é identificar **"Os métodos, técnicas e actividades de ensino utilizados pelos professores criativos de EFL nos liceus marroquinos"**
Solicita-se o preenchimento do presente questionário.
A sua participação é muito apreciada e as suas respostas serão utilizadas apenas para fins de investigação.

Informação de base:

- Escola secundária: _____
- Género:_____
- Anos de experiência de ensino: _____

- ### *Perguntas abertas:*

Como é que utiliza uma escolha eclética de métodos no seu ensino?

_____

_____

_____

_____

Enquanto professor de EFL criativo, quais são as técnicas de ensino que utiliza na sua sala de aula para ajudar os seus alunos a aprender eficazmente?

_____

_____

_____

Utiliza actividades de aquecimento na sua sala de aula? SIM NÃO Em caso afirmativo, com que objetivo as utiliza?

_____

_____

_____

Que tipo de actividades utiliza com cada um dos seus alunos?

_____

_____

_____

Como é que avalia e escolhe as actividades adequadas para as suas aulas?

_____

_____

_____

_____

Virar a página se for necessário mais espaço.